سيرةُ ابْنِ سينا

بِقَلَم: شُعاع فاخوري

بِريشة: مارتِن بوسْتَمانتَيه

المُحتَوَيات

Collins

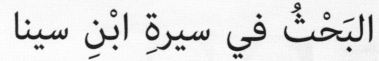

البَحْثُ في سيرةِ ابْنِ سينا

"اِسْمي عُمَرُ، أنا طالِبٌ في الصَّفِّ الرّابِعِ الابْتِدائِيّ.
حَدَّثَتْنا مُعَلِّمَتي عنِ العُلَماءِ المُسْلِمينَ وإنْجازاتِهِم؛
ثُمَّ طَلَبَتْ مِنّي أَنْ أَبْحَثَ في سيرةِ العالِمِ المُسْلِمِ «ابْنُ
سينا»، وأن أُحَدِّثَ زُمَلائي عَنْ سيرتِهِ في الحِصّةِ المُقْبِلة.

قالَتْ مُعَلِّمَتي إنَّ ابْنَ سينا عالِمٌ مِنْ أَعْظَمِ العُلَماءِ
وأَشْهَرِهِم، وإنَّ لَهُ إنْجازاتٍ عِلْمِيَّةً عَديدةً ومُتَمَيِّزة.
لَقَّبَهُ عُلَماءُ الغَرْبِ بِـ«أرِسْطوطاليس العَرَب»."

"أَثارَ كَلامُ مُعَلِّمَتي فُضولي، وصَمَّمْتُ على أن أَبْحَثَ في سيرةِ هذا العالِمِ العَظيم. اِسْتَعَنْتُ بِمَصادِرِ مَكْتَبةِ المَدْرَسةِ الإلِكْترونيَّةِ، وقُمْتُ بِالبَحْثِ في المُداخَلاتِ المَوْجودةِ عَن هذا العالِمِ الَّذي تَمَيَّزَ بِعِلْمِهِ الواسِعِ وإنْجازاتِهِ المُتَنَوِّعةِ في العَديدِ منَ المَجالاتِ العِلْميّةِ مِثْلِ الطِّبِّ والفَلَكِ والفَلْسَفةِ وغَيْرِها."

مَنْ هو أَرِسْطوطاليس؟

واحِدٌ مِنْ أكبَرِ العُلَماءِ والفَلاسِفةِ اليونانيّينَ وأَشْهَرِهِم. وُلِدَ عامَ ٣٨٤ قَبْلَ الميلاد.

مَنْ هو ابْنُ سينا؟

اِسْمُهُ أبو عَلِيٍّ الحُسَيْنُ بنُ عَبْدِ اللَّهِ بنِ الحَسَنِ بنِ عَلِيٍّ بنِ سينا. وُلِدَ في قَرْيةِ أَفِشْنَةَ قُرْبَ مَدينةِ بُخارى في عامِ ٩٨٠ ميلادِيّ، أَيْ قَبْلَ أكثَرِ مِنْ ١٠٠٠ سَنة. نَشَأَ ابْنُ سينا على الثَّقافةِ العَرَبيّةِ والإسْلامِيّةِ في خِلالِ العَصْرِ الذَّهَبِيِّ لِلإسْلامِ، وفي أَثْناءِ حُكْمِ السّامانِيّينَ لِـبِلادِ فارِس.

مَدينةُ بُخارى التّاريخيّة

مَدينةُ بُخارى الحَديثة

بُخارى اليَوْم

بُخارى هي مَدينةٌ في دَوْلةِ أوزْباكِسْتانَ في العَصْرِ الحاليّ.

تُبَيِّنُ الخَريطةُ المُدُنَ القَديمةَ، بُخارى وطَشْقَنْدَ وسَمَرْقَند، بالإضافةِ إلى البِلادِ المُجاوِرةِ لأوزْباكِسْتانَ في العَصْرِ الحاليّ.

كازاخِسْتان

كُمانِسْتان

بَحْرُ قَزْوين

بِدايةُ حَياةِ ابْنِ سينا

عُرِفَ ابْنُ سينا بِالذَّكاءِ وسُرْعةِ الفَهْمِ مُنْذُ الصِّغَرِ،
واشْتَهَرَ بِقُدْرَتِهِ الخارِقةِ على التَّذَكُّرِ.

كانَ أبوهُ أوَّلَ مَنْ عَلَّمَهُ، فَحَفِظَ القُرْآنَ
والكَثيرَ مِنَ القَصائِدِ وهو في سِنِّ العاشِرة.

تَعَلَّمَ ابْنُ سينا، في بِدايةِ حَياتِهِ، على يَدِ مَجْموعةٍ مِنَ العُلَماءِ والفَلاسِفةِ المَعْروفينَ. حينَ بَلَغَ الثّامِنةَ عَشْرةَ مِنْ عُمْرِهِ، أَحَسَّ بِعَدَمِ الحاجةِ لِمَنْ يُعَلِّمُهُ.

بَدَأَ ابْنُ سينا بِتَعْليمِ نَفْسِهِ. وكانَ لا يَكْتَفي بِقِراءةِ الكُتُبِ فَحَسْبُ، بَل كانَ يُلَخِّصُها ويَشْرَحُها لِلآخَرينَ حَتّى يَزيدَ مِنْ فَهْمِهِ لَها.

حَفِظَ ابنُ سينا القُرْآنَ وهو في سِنِّ العاشِرة.

ابْنُ سينا الطَّبيب

تَعَلَّمَ ابْنُ سينا الطِّبَّ وهو صَغيرٌ، ونَجَحَ في عِلاجِ السُّلْطانِ السّامانِيِّ «نوح الثّاني» مِنْ مَرَضِهِ بَعْدَ أن عَجَزَ عَنْ ذلك أَشْهَرُ أَطِبّاءِ عَصْرِهِ. اُشْتُهِرَ ابْنُ سينا كَطَبيبٍ قَبْلَ بُلوغِهِ سِنَّ الثّامِنَةَ عَشَرة.

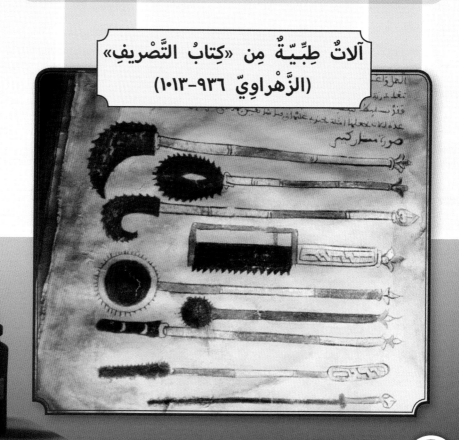

آلاتٌ طِبِّيّةٌ مِن «كِتابُ التَّصْريفِ» (الزَّهْراوِيّ ٩٣٦-١٠١٣)

كانَ ابْنُ سينا طَبيبًا بارِعًا مُحِبًّا لِلخَيْر؛
فَقَدْ كانَ يُعالِجُ المَرْضَى بِدونِ مُقابِل.

كانَ إنْسانًا مُتَفائلًا ومُتَواضِعًا،
وكانَ يَرى أنَّ العُلَماءَ والفَلاسِفةَ
أُناسٌ طَبيعِيّونَ، ومنَ الطَّبيعِيِّ أن
يُخْطِئُوا ويُصيبُوا.

إنْجازاتٌ في الطِّبّ

كان ابْنُ سينا أَوَّلَ مَنْ تحَدَّثَ عَنِ انْتِقالِ عَدْوَى بَعْضِ الأَمْراضِ، مِثْلِ داءِ السُّلِّ، عَنْ طَريقِ الهَواء. ووَصَفَ الجَراثيمَ بِأنَّها كائناتٌ صَغيرةٌ جِدًّا لا نَسْتَطيعُ رُؤْيَتَها بِأَعْيُنِنا.

أَثْبَتَ العُلَماءُ صِحّةَ نَظَرِيّاتِهِ بَعْدَ وَفاتِهِ بِمِئاتِ السِّنين. كانَ ابْنُ سينا يَسْبِقُ عُلَماءَ عَصْرِهِ بِعِلْمِهِ الواسِع.

ما هو داءُ السُّلّ؟

هو الْتِهابٌ جُرْثومِيٌّ خَطيرٌ يُصيبُ الرِّئَتَيْن. تَنْتَقِلُ عَدْوَى داءِ السُّلِّ في الهَواءِ في أَثْناءِ سُعالِ المَريض.

جَراثيمُ تَحتَ المِجْهَر: دَليلٌ حَديثٌ
على صِحّةِ نَظَرِيّاتِ ابْنِ سينا

وَصَفَ ابنُ سينا أَمْراضًا لَمْ تَكُنْ مَعْروفةً آنذاكَ، ولكن تَمَّ اكْتِشافُها بَعْدَ وَفاتِهِ بِوَقتٍ طَويل؛ إذْ أَثْبَتَ العُلَماءُ أنَّ ابْنَ سينا شَخَّصَ مَرَضَ الْتِهابِ أَغْشِيةِ الدِّماغِ، واكْتَشَفَ طَريقةَ عِلاجِه. يُعْرَفُ هذا المَرَضُ، الآنَ، بِمَرَضِ «السَّحايا»، وهو مَرَضٌ خَطيرٌ لَهُ عَواقِبُ وَخيمةٌ إن لَم يَتِمَّ عِلاجُهُ.

مِنْ أَهَمِّ الأَمْراضِ الأُخْرى الَّتي شَخَّصَها ابْنُ سينا ووَصَفَها وَصْفًا دَقيقًا مَرَضُ حَصى المَثانةِ. وقَدْ قامَ أَيْضًا بِتَشْخيصِ أَمْراضٍ عَديدةٍ مِثْلِ خُراجِ الكَبِدِ وشَلَلِ الوَجْهِ وغَيْرِها.

أَثْبَتَتِ الأَبْحاثُ الحَديثَةُ أنَّ ابْنَ سينا اكْتَشَفَ دودةَ «الأَنْكِلِسْتُوما»، وهي دودةٌ صَغيرةٌ جِدًّا تَعيشُ في الأَمْعاء. تَتَغَذّى هذه الدّودةُ على دَمِ الإنْسانِ، ما يُسَبِّبُ فَقْرَ الدَّمِ عِنْدَ الشَّخْصِ المُصابِ، فَيَضْعُفُ وتَتَعَرَّضُ حَياتُهُ لِلخَطَر.

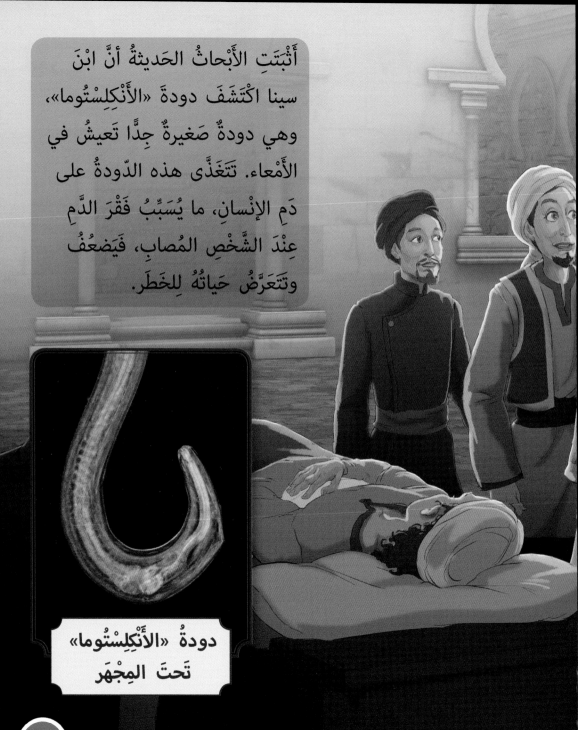

دودةُ «الأَنْكِلِسْتُوما»
تَحتَ المِجْهَر

القانونُ في الطِّبّ

أَلَّفَ ابْنُ سينا كِتابَهُ «القانونُ في الطِّبِّ» وهو في العِشْرينَ مِنْ عُمْرِهِ. وقَدِ احْتَوى هذا الكِتابُ على وَصْفٍ دَقيقٍ لِلأَمْراضِ الَّتي تُصيبُ الإنْسانَ ابْتِداءً بِالرَّأْسِ وانْتِهاءً بِالقَدَم.

لَقَدْ تَميَّزَ كِتابُ «القانونُ في الطِّبِّ» بِدِقَّةِ المَعْلوماتِ والتَّنْظيمِ. يَحْتَوي الكِتابُ على حَوالَيْ أَلْفَي صَفْحةٍ مُوَزَّعةٍ على خَمْسَةِ مُجَلَّدات.

يُعَدُّ هذا الكِتابُ واحِدًا مِنْ أَهَمِّ المَوْسوعاتِ العِلْمِيّةِ القَديمةِ بِالطِّبّ لِأَنَّهُ احْتَوَى على مَعْلوماتٍ دَقيقةٍ في التَّشْريحِ، ووَصْفٍ مُفَصَّلٍ لِأَعْضاءِ الجِسْم. ومِنْ إنْجازاتِ ابنِ سينا أنَّهُ كانَ أَوَّلَ مَنِ اكْتَشَفَ ووَصَفَ عَضَلاتِ العَيْن.

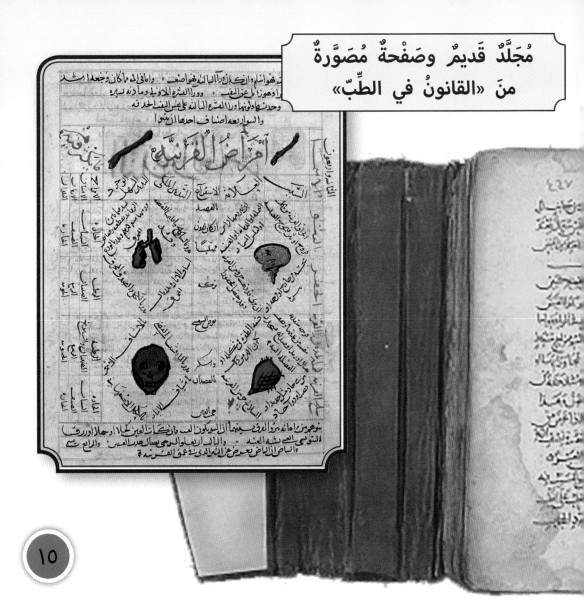

مُجَلَّدٌ قَديمٌ وصَفْحةٌ مُصَوَّرةٌ مِنَ «القانونُ في الطِّبّ»

أُسْتُخْدِمَ «القانونُ في الطِّبِّ» كَمَرْجِعٍ رَئيسٍ لِطُلّابِ الطِّبِّ، في جَميعِ أَنْحاءِ أوروبّا، مُدّةً تَزيدُ عَنْ سَبْعِمائةِ عامٍ بَعْدَ وَفاةِ ابْنِ سينا.

«القانونُ في الطِّبّ»:
الصَّفْحَةُ الأولى مِن طَبْعةٍ لاتينِيّةٍ لِطُلّابِ الطِّبِّ الأوروبِّيّينَ في العُصورِ الوُسْطى

إبْداعاتٌ بِالعُلومِ المُخْتَلِفة

عُرِفَ ابْنُ سينا كَطَبيبٍ مُتَمَيِّزٍ وسابِقٍ لِعَصْرِه، حَتَّى أُطْلِقَ عَلَيْهِ لَقَبُ «أميرُ الأطِبّاء»، مَعَ أَنَّهُ قَدَّمَ الكَثيرَ مِنَ الإنْجازاتِ في مَجالاتٍ عِلْمِيّةٍ أُخْرى، مِثْلِ الفيزْياءِ، والكيمْياءِ، والفَلْسَفةِ، وعِلْمِ الفَلَكِ، وعِلْمِ العَقاقيرِ، وغَيْرِها.

فيما يَلي سَنَعْرِضُ أَهَمَّ إنْجازاتِ ابْنِ سينا في مَجالاتِ العُلومِ الأُخْرى الَّتي أَظْهَرَ فيها إبْداعًا مُتَمَيِّزًا يَسْتَحِقُّ الإعْجاب.

إنْجازاتٌ في عِلْمِ الفَلَك

اِسْتَطاعَ ابْنُ سينا رَصْدَ كَوْكَبِ الزُّهْرةِ عِنْدَ مُرورِهِ بَيْنَ الأَرْضِ والشَّمْسِ، حَيْثُ ظَهَرَ الكَوْكَبُ حينَها وكَأَنَّهُ بُقْعةٌ على الشَّمْس. وقَدْ تَمَّ إثْباتُ دِقّةِ هذه المُشاهَدةِ، بَعْدَ عِدّةِ قُرونٍ، مِنْ قِبَلِ العالِمِ الفَلَكِيِّ الإنْجليزِيِّ «جيرامايا هوروكس».

تَصَوُّرٌ فَنِّيٌّ لِلعالِمِ الفَلَكِيِّ «هوروكس»

ما هو تَرْتيبُ الكَواكِب؟

كَوْكَبُ الزُّهْرةِ هو الثّاني مِنْ حَيْثُ قُرْبُهُ مِنَ الشَّمْس. هَلْ تَعْرِفونَ تَرْتيبَ كَوْكَبِ الأَرْضِ بِالنِّسْبةِ إلى الشَّمْس؟

اِبْتكَرَ ابْنُ سينا جِهازًا لِرَصْدِ النُّجومِ، وأَلَّفَ العَديدَ مِنَ الكُتُبِ في مَجالِ الفَلَكِ، مِثْلِ كِتابِ «الأَرْصادُ الكُلِّيّةُ» وكِتابِ «الأَجْرامُ السَّماوِيّةُ» وغَيْرِهِما.

إنْجازاتٌ في الفيزياء

كانَ ابْنُ سينا أَوَّلَ مَنِ اكْتَشَفَ أنَّ الجِسْمَ يَبْقى ساكِنًا أو مُتَحَرِّكًا ما لَمْ تُؤَثِّرْ عَلَيْهِ قُوَّةٌ خارِجِيَّةٌ تُجْبِرُهُ على الحَرَكةِ أو على التَّوَقُّفِ، أي أَنَّهُ إذا كانَتِ الكُتَلُ الصَّغيرةُ، مَثَلًا، مَوْضوعةً على الطَّاوِلةِ، فإنَّها تَبْقى على هذه الحالِ حَتَّى تُؤَثِّرَ عَلَيْها قُوَّةٌ خارِجِيَّةٌ كَأَنْ تُحَرِّكَها بِيَدِكَ.

مِنَ الجَديرِ ذِكْرُهُ أنَّ البَعْضَ يَنْسِبُ هذا القانونَ إلى العالِمِ «إسحاقُ نيوتِن»، على الرُّغْمِ مِنْ أنَّ ابْنَ سينا اكْتَشَفَهُ قَبْلَ حَوالَيْ سِتِّمائةِ عامٍ قَبْلَ عَصْرِ العالِمِ نيوتِن.

العالِمُ «إسحاقُ نيوتِن»

أَدْرَكَ ابْنُ سينا أنَّ الضَّوْءَ أَسْرَعُ مِنَ الصَّوْتِ، وأَنَّ الصَّوْتَ يَنْتَقِلُ عَنْ طَرِيقِ تَحْرِيكِ الهَواءِ على شَكْلِ مَوْجات.

هذه الحَقائقُ الفيزْيائِيّةُ لَمْ تَكُنْ مَعْروفةً في ذلك الزَّمَن.

وقَدْ فَسَّرَ ابْنُ سينا ظُهورَ قَوْسِ المَطَر، وفَسَّرَ كَيْفِيّةَ تَشْكيلِ الصّورةِ، وذلك عِنْدَ سُقوطِ الضَّوْءِ على الجِسْمِ الَّذي نَنْظُرُ إلَيْهِ ما يَجْعَلُها تَنْعَكِسُ على العَيْن.

إنْجازاتٌ في الكيمْياء

أَبْدَعَ ابْنُ سينا في عِلْمِ الكيمياءِ؛ فَقَدِ ابْتَكَرَ عَمَليّةَ التَّقْطيرِ بِالبُخارِ، واسْتَخْدَمَها في تَحْضيرِ الزُّيوتِ والعَقاقيرِ المُتَنَوِّعَةِ.

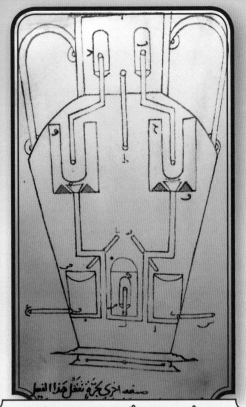

صورةٌ تاريخِيّةٌ لِجِهازِ التَّقْطير

ما هو التَّقْطير؟

التَّقْطيرُ عَمَليّةٌ لِفَصْلِ المَوادِّ الكيمْيائِيّةِ عَنْ طَريقِ التَّسْخينِ، ثُمَّ تَكْثيفِ البُخارِ النّاتِجِ مِنْها.

وَضَّحَ ابْنُ سينا أنَّهُ منَ المُسْتَحيلِ تَحْويلُ مَعْدِنٍ إلى أَيِّ مَعْدِنٍ آخَرَ، وأنَّ كُلَّ نَوْعٍ من المَعادِنِ يَحْتَفِظُ بِخَواصِّهِ الأَصْلِيّةِ، وأنَّهُ لا يُمْكِنُ تَحويلُ المَعادِنِ الرَّخيصةِ إلى ذَهَب.

إنْجازاتٌ في عُلومِ الأَرْض

ساهَمَ ابْنُ سينا في اكْتِشافِ الكَثيرِ مِنْ مَبادِئِ عُلومِ الأَرْضِ؛ فَقَدْ قَسَّمَ الصُّخورَ إلى نَوْعَيْنِ: نَوْعٍ، بِحَسَبِ وَصْفِهِ، يَتَكَوَّنُ تَحْتَ تَأْثيرِ دَرَجاتِ حَرارةٍ عاليةٍ، إذْ تُسَبِّبُ دَرَجاتُ الحَرارةِ العاليةُ ذَوَبانَ المَعادِنِ في باطِنِ الأَرْضِ، وعِنْدَما تُقْذَفُ المَعادِنُ المُذابةُ إلى السَّطْحِ، تَتَبَلْوَرُ وتَتَحَوَّلُ إلى صُخورٍ صُلْبة.

أمّا النَّوْعُ الثّاني، فَقَدْ وَصَفَهُ بِالصُّخورِ الَّتي تتكَوَّنُ نَتيجةَ تَرَسُّبِ المَعادِنِ منَ الماءِ أو بِفِعْلِ الهَواءِ، بِحَيْثُ تَتجَمَّعُ كَكُتْلةٍ واحِدةٍ، ثُمَّ تَتحَوَّلُ إلى صُخورٍ بِفِعْلِ الضَّغْطِ، وَبَعْدَ مُرورِ وَقْتٍ طَويل.

هذا الوَصْفُ يَتَوافَقُ تمامًا مَعَ ما نَعْرِفُهُ، الآنَ، عَنِ الصُّخورِ النّارِيّةِ والصُّخورِ الرُّسوبِيّة.

الصُّخورُ النّارِيّـةُ هي الصُّخورُ الَّتي تَـتَكَوَّنُ مِنْ تَـبَلْوُرِ المَعادِنِ المُنْصَهِرَةِ في باطِنِ الأَرْضِ، بَعْدَ قَذْفِها إلى السَّطْحِ.

وقامَ ابْنُ سينا، أَيْضًا، بِتَفْسيرِ تَضاريسِ الأَرْضِ مِنْ جِبالٍ وسُهولٍ ووُدْيان؛ فَقَدْ ذَكَرَ في كِتابِهِ «الشِّفاء» أنَّ الجِبالَ تتَكَوَّنُ مِنَ الطّينِ اللَّزِجِ بَعْدَ جَفافِهِ وتَراكُمِهِ عَبْرَ آلافِ السِّنين. ويَذْكُرُ، أَيْضًا، أنَّ الزَّلازِلَ والبَراكينَ لَها دَوْرٌ كَبيرٌ في تَشْكيلِ تَضاريسِ سَطْحِ الأَرْض.

الصُّخورُ الرُّسوبِيّةُ هي الصُّخورُ الَّتي تَتَكَوَّنُ مِنَ الرَّواسِبِ المائِيّةِ والرَّمْلِيّة.

مُؤَلَّفاتُ ابْنِ سينا

كانَ ابْنُ سينا عالِمًا نَشيطًا يُحِبُّ العِلْمَ ويَفْهَمُهُ. لَقَدْ قامَ بِكِتابَةِ ما يَفوقُ الأَرْبَعَمائَةِ كِتابٍ، لَمْ يَصِلْنا مِنْها إلّا مِئَتانِ وخَمْسونَ كِتابًا تَقْريبًا. إنَّ مِنْ أَهَمِّ كُتُبِهِ كِتابَ «القانونُ في الطِّبِّ»، و«كِتابُ الشِّفاءِ» في العُلومِ الطَّبيعِيّةِ، هذا فَضلًا عَنْ كُتُبٍ أُخْرى عَديدةٍ في الطِّبِّ، مِثْلِ «رِسالةٌ في تَشْريحِ الأَعْضاءِ»، و«رِسالةٌ في الأَغْذِيةِ والأَدْوِيةِ» و«أُرْجوزةٌ في التَّشْريح».

ومِنْ مُؤَلَّفاتِهِ الأُخْرى في عِلْمِ الفَلْسَفةِ كِتابُ «عُيونُ الحِكْمة». وفي هذا الكِتابِ، شَرَحَ وعَدَّلَ على نَظَرِيّاتِ مَشاهيرِ الفَلْسَفةِ اليونانِيّةِ مِثْلِ أَفْلاطونَ وأَرِسْطو. وكَتَبَ كِتابًا بِعُنْوانِ «إشاراتٌ وَتَنْبيهاتٌ» عَرَّفَ فيهِ ابْنُ سينا المَنْطِقِ.

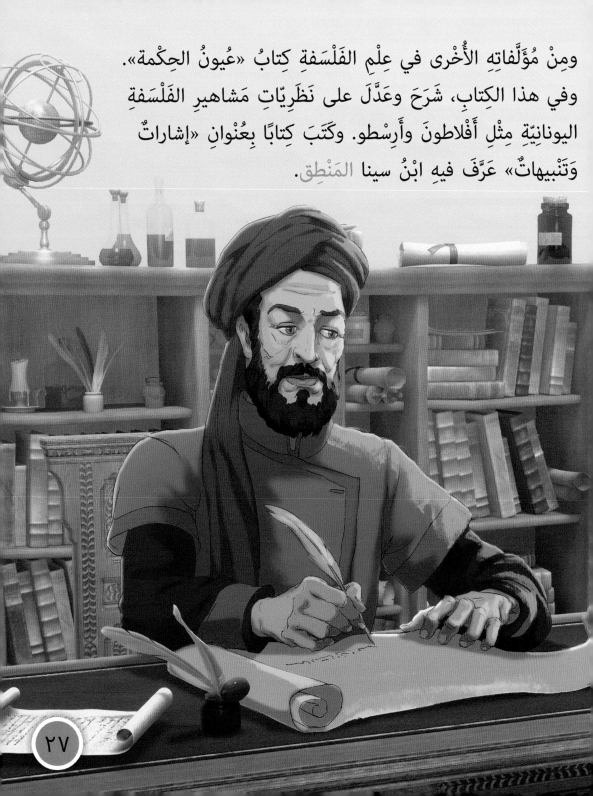

مَرَضُ ابْنِ سينا ووَفاتُهُ

في آخِرِ أَيّامِهِ، كانَ ابْنُ سينا يَمْرَضُ كَثيرًا، وعَلِمَ حينَها أَنَّهُ لا يوجَدُ عِلاجٌ لِمَرَضِهِ. فَتبَرَّعَ بِأَمْوالِهِ لِلفُقَراءِ طَلَبًا لِلمَغْفِرَةِ مِنَ اللّه. تُوُفِّيَ عَنْ عُمْرٍ يُناهِزُ الثّامِنَةَ والخَمْسينَ في عامِ ١٠٣٧ الميلادِيِّ في مَدينَةِ هَمَدانَ، ودُفِنَ فيها.

في عام ١٩٨٠، دَعَتْ مُنَظَّمَةُ «اليونِسْكو» العالَمِيّةُ جَميعَ أَعْضائِها لِلاحْتِفاءِ بِمُرورِ ١٠٠٠ عامٍ على وِلادةِ ابْنِ سينا، وذلك تَخْليدًا لِذِكْراهُ العَظيمة.

شارَكَني زُمَلائي الإحْساسَ بِالفَخْرِ بِأَجْدادِنا الَّذينَ تَرَكوا بَصْمةً واضِحةً في تاريخِ الإِنْسانِيّةِ، وقَدَّموا الكَثيرَ لِدَعْمِ تَطَوُّرِ الحَضارةِ الإِنْسانِيّة وتَقَدُّمِها.

قائِمةُ المُصْطَلَحات

الأَجْرامُ السَّماوِيّة	الأَجْسامُ المَوْجودةُ في الفَضاءِ الخارِجِيِّ مِثْلُ الكَواكِبِ والنُّجوم
إنْجاز	عَمَلٌ يَتِمُّ تَحْقيقُهُ بِنَجاح
تَبَلْوُر	تَحَوُّلُ المادّةِ منَ الحالةِ المُذابةِ إلى حالةٍ صُلْبةٍ وتَشَكُّلُ البِلَّوْرات
تَضاريس	طَبيعةُ سَطْحِ الأرْضِ مِنْ جِبالٍ ووُدْيانٍ وسُهول
حَصَى المَثانة	تَرَسُّباتٌ كِلْسِيّةٌ في المَثانة
خُرّاجُ الكَبِدِ	التِهابُ الكَبِدِ؛ يُعْرَفُ، الآنَ، بِالْتِهابِ الكَبِدِ الوَبائيّ
السّامانِيّون	قَبائِلُ فارِسِيّةٌ حَكَمَتْ بِلادَ ما بَيْنَ النَّهْرَيْنِ في عَصْرِ الحُكْمِ العَبّاسِيّ
سيرة	قِصّةُ حَياةِ شَخْص
عَقاقير	أَدْوِيَةٌ تُسْتَخْدَمُ في مُعالَجةِ الأَمْراض
الفَلْسَفة	عِلْمُ دِراسةِ الأُمورِ المُتَعَلِّقةِ بِالوُجودِ وقِيَمِ الحَياةِ وغَيْرِها
الفَلَك	عِلْمُ رَصْدِ الكَواكِبِ والأَجْرام
مُنْصَهِر	ما تَمَّ تَذْويبُهُ بِفِعلِ الحَرارةِ، فَتَحَوَّلَ إلى حالةٍ سائلة
المَنْطِق	قانونُ التَّفْكيرِ الصَّحيح
نَظَرِيّة	تَفْسيرٌ عِلْمِيٌّ مَبْنِيٌّ على أَساسِ التَّجْرِبَةِ والتَّحْليلِ المَنْطِقِيِّ لِظاهِرةٍ ما

سيرةُ ابْنِ سينا

بِدايةُ حَياةِ ابْنِ سينا

إنْجازاتٌ في الطِّبّ

إنْجازاتٌ في عِلْمِ الفَلَك

إنْجازاتٌ في الفيزياء والكيمْياء

إنْجازاتٌ في عُلومِ الأَرْض

مَرَضُ ابْنِ سينا ووَفاتُهُ

أفكار واقتراحات

الأهداف:

- قراءة نصّ وثائقيّ بطلاقة.
- استخدام قائمة المحتويات للعثور على المعلومات.
- الانتباه إلى جذور الكلمات، والعلاقة بين الجذر والمعنى.
- قراءة المزيد من الكلمات الشائعة بدون تشكيل.

روابط مع الموادّ التعليميّة ذات الصلة:

- مبادئ التاريخ.
- الوعي بالشخصيّات العربيّة المؤثّرة.
- الوعي بالمرحلة الرائدة في تاريخ العرب.

مفردات جديرة بالانتباه: سيرة، إنجازات، إبداعات، نظريّة، داء، دواء/أدوية

عدد الكلمات: ١٤٠٠

الأدوات: ورق، أقلام، انترنت

قبل القراءة:

- ماذا ترون على الغلاف؟ كيف نَصِف هذا الرجل؟ أين يقف؟ ماذا يفعل؟
- هيّا نقرأ العنوان معًا. في رأيكم، ما معنى كلمة "سيرة"؟

أثناء القراءة:

- انظروا إلى الصفحة الأولى. كيف نستخدم قائمة المحتويات للعثور على معلومة معيّنة؟
- في أيّ صفحة سنجد قائمة المفردات؟
- انتبهوا إلى تعبير "شَخَّصَ المرض" ص ١١. هل لهذا التعبير علاقة بكلمتي "شَخْص" أو "شخصيّة"؟
- انتبهوا إلى تعبير "ترتيب الكواكب" ص ١٨. هل تعرفون هذا الترتيب؟ أين يبدأ وأين ينتهي؟